DU PAYEMENT

DES

DETTES HÉRÉDITAIRES

PAR

LE CONJOINT SURVIVANT

(LOI DU 9 MARS 1891)

PAR

Henry TAUDIÈRE

PROFESSEUR SUPPLÉANT A LA FACULTÉ LIBRE DE DROIT DE PARIS

PARIS

E. THORIN & FILS, ÉDITEURS

Libraires du Collège de France, de l'École normale supérieure,
des Écoles françaises d'Athènes et de Rome
de la Société des Etudes historiques

7, RUE DE MÉDICIS, 7

—

1893

DU PAYEMENT

DETTES HÉRÉDITAIRES

PAR

LE CONJOINT SURVIVANT

(LOI DU 9 MARS 1891)

PAR

Henry TAUDIÈRE

PROFESSEUR SUPPLÉANT A LA FACULTÉ LIBRE DE DROIT DE PARIS

PARIS

E. THORIN & FILS, ÉDITEURS

**Libraires du Collège de France, de l'École normale supérieure,
des Écoles françaises d'Athènes et de Rome
de la Société des Etudes historiques**

7, RUE DE MÉDICIS, 7

—

1893

Extrait de la *Revue générale du droit.*

TOULOUSE. — IMPRIMERIE A. CHAUVIN ET FILS, RUE DES SALENQUES, 28.

DU

PAYEMENT DES DETTES HÉRÉDITAIRES

PAR LE CONJOINT SURVIVANT

(Loi du 9 mars 1891.)

D'après le Code civil et contrairement à la tradition séculaire, le conjoint survivant n'avait de droit sur la succession de son époux prédécédé qu'en l'absence d'héritiers légitimes jusqu'au douzième degré et d'enfants naturels (C. civ., art. 767). C'était ne tenir aucun compte de l'affection présumée du défunt et rendre singulièrement précaire la situation de l'époux sans fortune personnelle, qu'un riche mariage avait habitué à vivre dans l'aisance. Il y avait là, dans notre législation, une lacune dès longtemps signalée et déplorée ; la loi du 9 mars 1891 l'a comblée en conférant au conjoint survivant un meilleur rang successoral, sans pour cela faire sortir les biens du défunt de sa famille propre. Aujourd'hui, le conjoint survivant non divorcé et contre lequel il n'y a pas de jugement de séparation de corps passé en force de chose jugée, n'a pas seulement, comme avant 1891, vocation à la totalité de la succession de son conjoint en pleine propriété quand le défunt ne laisse ni parents au degré successible ni enfants naturels ; il a de plus, même en concours avec les héritiers légitimes, sur les biens composant l'hérédité, un droit d'usufruit dont la quotité varie avec le degré de parenté de ses cosuccessibles, sans pouvoir atteindre jamais plus de la moitié de ces biens (C. civ., art. 767 modifié).

Cette innovation a été, en général, bien accueillie comme répondant à un véritable besoin social, et les commentateurs déjà nombreux de la loi nouvelle rendent tous hommage à l'esprit qui l'a inspirée : ils en approuvent l'économie générale, sauf à en critiquer certains détails (1). Nous ne prétendons pas,

---

(1) F. Bonnot, *Des droits de l'époux survivant sur la succession de son*

après des études aussi sérieuses et approfondies, refaire un examen complet de la matière ; mais une question spéciale ne nous paraît pas avoir reçu les développements qu'elle comporte. Le conjoint survivant étant désormais toujours appelé par la loi, sauf disposition contraire prise par le défunt, à recueillir en propriété ou en usufruit une part de l'actif héréditaire, l'exercice de ce droit ne le soumettra-t-il pas, *ipso facto*, à l'obligation de supporter les dettes et charges de la succession ? Si l'on répond affirmativement, dans quelle mesure cette obligation lui incombera-t-elle tant à l'égard de ces cosuccessibles qu'à l'égard des créanciers du défunt ? Concourt-il avec d'autres héritiers : dans quelle proportion se divisera entre eux tous la dette ; pour quelle part le conjoint y contribuera-t-il ? Pour cette même part, les créanciers du défunt auront-ils contre le conjoint une action directe ; pourra-t-il être poursuivi et exécuté par eux ? Tels sont les points sur lesquels nous concentrerons nos explications.

Cette double question de la contribution et de l'obligation aux dettes ne se posait guère, avant 1891, pour le conjoint survivant ; elle n'a jamais été, à notre connaissance, portée devant les tribunaux. Il était alors, en effet, bien rare qu'un époux vînt à la succession de son conjoint en vertu de son titre légal, puisqu'il perdait toute espèce de droits en présence d'un parent légitime quelconque jusqu'au douzième degré, d'un enfant naturel, ou encore, si le défunt était enfant naturel reconnu, de l'un de ses auteurs (1). Quand l'hypothèse se présentait par hasard, la situation légale du conjoint était bien nette : exclu par les parents légitimes ou naturels, il excluait l'Etat et venait donc nécessairement seul à la succession, sauf dans le cas où le défunt avait institué un légataire à titre universel (2) ; pas

conjoint. — Rouard de Card, *Des droits de l'époux sur la succession de son conjoint.* — Souchon, *Revue critique*, 1891, p. 223-242. Zeglicki, *Revue critique*, 1892, p. 93-107, 171-190, 233-256. — Bouvier-Bangillon, *Rev. générale du droit*, 1891, p. 259-269, 321-336, 532-547 ; 1892, p. 35-41, 136-155.

(1) L'article 767 C. civ. indique seulement, comme préférables à l'époux, les enfants naturels et non les parents naturels, mais il faut le combiner avec les articles 765 et 766 pour en saisir le véritable sens. Aubry et Rau, t. VI, p. 341, § 607, note 9.

(2) N'étant pas réservataire, l'époux aurait été et serait encore aujourd'hui exclu par un légataire universel.

de difficulté possible quant à la contribution aux dettes : il les supportait proportionnellement à la part par lui recueillie. Vis-à-vis des créanciers, la situation de l'époux ne comportait pas non plus de règles particulières : il succédait en pleine propriété à titre de successeur irrégulier, comme un parent naturel par exemple ; tous les principes applicables aux successeurs irréguliers au point de vue de l'obligation aux dettes devaient donc nécessairement être observés quant à lui.

La loi nouvelle modifie singulièrement cet état de choses. De très rare qu'il était avant elle, l'exercice d'un droit héréditaire par l'époux du défunt devient, au contraire, la règle commune ; de plus, cet époux est appelé à la succession en concurrence avec d'autres personnes, héritiers légitimes ou successeurs aux biens ; enfin, situation inconnue aux rédacteurs du Code civil, sa part héréditaire est en ce cas constituée non en capital mais en usufruit exclusivement, c'est un successeur légal en usufruit. N'y avait-il pas là pour le législateur un triple motif de préciser exactement la position à l'égard des dettes héréditaires d'un successible dont les droits étaient aussi profondément modifiés et augmentés ? Cependant le texte est muet, et ce n'est pas par oubli ; c'est, a-t-il été dit dans la discussion de la loi, parce que les principes généraux du droit suffisent amplement à écarter toute difficulté (1). — Reportons-nous donc à ces principes généraux puisqu'on nous y convie et tâchons de les appliquer au conjoint survivant. Nous ferons cette étude en pleine indépendance et sans tenir plus de compte que de raison des travaux préparatoires : nous nous souviendrons, en effet, que [la parole d'un rapporteur, si éloquente et autorisée qu'elle soit, ne peut avoir la valeur d'un texte législatif et, surtout, que l'argument décisif invoqué pour supprimer toute discussion en notre matière a été le désir, d'ailleurs légitime, d'activer le vote définitif de la loi, « de ne pas défaire, pour la refaire encore une fois, cette toile de Pénélope qu'on avait mis si longtemps à tisser (2). »

Il importe avant tout de savoir exactement à quel titre le conjoint est appelé à la succession. Or ici tout le monde

____

(1) Discours de M. Piou à la Chambre des députés, séance du 26 février 1891. *Journal Officiel* du 27 février, p. 448.

(2) *Ibid.*, p. 449.

est d'accord pour reconnaître que la règle du Code civil a été maintenue. Le conjoint survivant, d'après l'article 767 ancien, était un successeur irrégulier, non un héritier légitime : tout le prouve, la place et le texte de l'article 767 comme la rédaction des articles 769 et 772 ; la loi nouvelle, si elle modifie de fond en comble l'étendue de ses droits, ne change pas la nature de sa vocation. Il avait été, il est vrai, question, à l'origine du projet, de faire de ce conjoint un héritier légitime et l'on se demandait si la saisine serait bien compatible avec la composition en usufruit d'un droit successoral (1), mais on y a bientôt renoncé. Aucune modification aux principes anciens n'a donc été apportée quant à ce; et on l'a fait volontairement : « Qu'il soit appelé à la propriété de tous les biens ou à l'usufruit d'une part, le conjoint est toujours considéré par la loi comme étant un successeur irrégulier,... en d'autres termes, l'époux recueille cet usufruit comme un droit simplement successoral et non pas comme un droit héréditaire; en recueillant son usufruit, il ne prend pas place parmi les héritiers légitimes (2). »

Il en résulte, sans contestation possible, que le conjoint survivant n'a pas la saisine légale et ne continue pas la personne du défunt ; il devra donc se faire envoyer en possession par le tribunal, ou, s'il réclame un droit d'usufruit sur les parts échues à des héritiers légitimes, leur en demander la délivrance (C. civ., art. 724). On en peut déduire aussi qu'il n'a droit à aucune réserve (3), cette solution se trouve d'ailleurs confirmée par le texte de la loi nouvelle. Mais quelle conclusion en tirer quant au payement des dettes de la succession ? Pour le dire en pleine connaissance de cause, nous examinerons d'abord la situation légale des successeurs irréguliers à l'égard de ces dettes, puis nous nous demanderons si les mêmes règles peuvent s'appliquer de tous points au conjoint survivant, qu'il exerce son droit en pleine propriété ou en usufruit seulement.

____

(1) Voir, en sens divers, Laurent, t. IX, n° 237, et Boissonade, *Histoire des droits de l'époux survivant.*

(2) Delsol, rapport au Sénat, *Journal Officiel*, 1877, p 1668 ; Sic Disc. Delsol, *Journal Officiel*, Sénat, 1890, p. 1031. Piou, *Journal Officiel*, Chambre des députés, 1891, p. 448.

(3) La réserve reconnue aux enfants naturels par la jurisprudence est tout exceptionnelle et aucun autre successeur irrégulier ne peut prétendre à un tel droit.

§ 1. — *Du payement des dettes héréditaires par les successeurs irréguliers en général.*

Bien que ne continuant pas la personne juridique du défunt avec laquelle s'identifie, à vraiment parler, le patrimoine, les successeurs irréguliers sont, aux yeux de la loi, des successeurs universels, assujettis par suite au payement des dettes héréditaires. Si, en droit romain et dans notre très ancien droit coutumier, certaines personnes appelées par la volonté de l'homme à la totalité ou à une quote-part de la succession, (légataires partiaires et légataires à titre universel ou même universels) (1), échappaient à toute action personnelle et directe des créanciers héréditaires et même n'étaient tenus vis-à-vis des héritiers de contribuer à l'acquittement des dettes qu'à l'aide des stipulations *partis et pro parte*, cette manière de voir, très justifiable d'ailleurs en pure théorie (2), n'a jamais été étendue aux successeurs appelés par la loi. Le droit romain les considérait tous comme des héritiers représentant la personne du défunt; et l'ancien droit, tout en distinguant les héritiers légitimes et les successeurs irréguliers, les soumettait tous au payement des dettes, sauf à fixer d'une façon différente pour chacune des deux catégories l'étendue de cette obligation : leur vocation légale à une part quelconque de l'hérédité les rendait responsables envers les créanciers du défunt. Cette règle a été étendue, dans le dernier état du droit coutumier, aux légataires universels et à titre universel et maintenue par le Code civil avec cette généralité. Tout appelé à la totalité ou à une part aliquote d'une succession doit supporter une part proportionnelle des dettes : soit, si c'est un héritier légitime, parce qu'il représente la personne du défunt; soit, s'il s'agit d'un successeur irrégulier ou d'un légataire, parce qu'il est investi des droits du *de cujus*, du jour du décès de celui-ci, et qu'à l'universalité de l'actif correspond naturellement l'universalité des dettes : *æs alienum totius patrimonii onus est.* Tel est le principe fondamental applicable aux légataires, quand ils reçoivent une

____

(1) Ulpien, *De fideic.*, XXV, §15. Loisel, *Inst. cout.*, liv. II, tit. 3, reg. 14.
(2) Aubry et Rau, t. VI, p. 259, § 583, texte et note 9.

quote-part au moins de l'hérédité, et à tous les successeurs légaux sans distinction, puisque tout successeur légal est un successeur universel. Le successeur irrégulier, par exemple, prenant tout ou partie de l'actif, doit payer une part correspondante dans les dettes.

Il le doit, tout d'abord, vis-à-vis de ses cosuccessibles. Si ceux-ci sont des héritiers légitimes, ils peuvent être poursuivis, nous le verrons bientôt, par les créanciers héréditaires pour les parts dont ils sont saisis comme représentants du défunt, sans qu'il soit nécessaire de tenir compte de la portion encore due ou même déjà livrée au successeur irrégulier (1); mais l'héritier, ayant payé, aura le droit de recourir contre ce dernier et de le faire contribuer à l'acquittement de la dette en proportion de ce qu'il est appelé à recueillir dans l'actif (C. civ., art. 870, 871). Observons cependant que cette correspondance établie par la loi entre l'universalité de l'actif et celle du passif n'est pas obligatoire pour le *de cujus* : celui-ci peut, par un acte de dernière volonté, imposer à l'un de ses successeurs des charges particulières, à condition, s'il s'agit d'un héritier réservataire, de ne pas porter atteinte à sa réserve (2). Soit donc un successeur irrégulier, venant en concours avec un héritier non-réservataire ou un légataire à titre universel, et ayant droit à la moitié de la succession : il est tenu de contribuer au payement des dettes pour moitié (3), mais le défunt est libre d'augmenter ou de diminuer la charge qui lui est ainsi imposée.

Le successeur irrégulier n'est pas seulement astreint à la contribution aux dettes; par le seul fait que, ayant survécu au *de cujus*, il a demandé l'envoi en possession (C. civ., art. 770), ou qu'indépendamment de tout envoi ou délivrance, il s'est immiscé dans la gestion des biens, il est obligé envers les créanciers héréditaires, même simplement chirographaires, ayant suivi la foi du défunt et se prévalant uniquement de

---

(1) Marcadé, art. 873, n° 2. — Colmet de Santerre, t. IV, n° 152 *bis*, XIV, et t. III, n° 205 *bis*, II. — Aubry et Rau, t. VI, p. 668, § 636, notes 8 et 9. — De Caqueray, *Revue pratique*, 1861, t. XII, p. 253. — *Contra* Demolombe, t. XVII, n° 38.

(2) Cass., 28 avril 1884, journal *Le Droit*, 1er mai 1884.

(3) Nous supposons, pour ne pas compliquer la question, que l'actif est supérieur au passif.

l'obligation personnelle assumée à leur égard par ce dernier ; de tels créanciers pourront poursuivre directement, contre le successeur irrégulier, le payement de leurs créances.

Pour certaine qu'elle est, cette solution a cependant besoin d'être justifiée, puisque le successeur irrégulier, ne représentant pas la personne du défunt, semblerait devoir rester étranger à ses obligations purement personnelles, alors surtout que nul texte ne formule la règle pour cette catégorie de successibles (1). Le fondement s'en trouve dans ce principe dès longtemps admis que toute transmission de l'universalité ou d'une quote-part d'un patrimoine opère transmission du passif pour une part correspondante : imposant à tous les successeurs aux biens la charge de contribuer au payement des dettes, on devait permettre aux créanciers d'agir directement contre eux sous peine de se heurter à de grandes difficultés pratiques, de soumettre les héritiers légitimes à l'obligation de déboursés onéreux et de recours parfois aléatoires contre le véritable débiteur. Les législateurs anciens et modernes l'ont bien compris : — en droit romain, les modifications successives apportées à la théorie des fidéicommis universels en sont la preuve ; — dans notre ancien droit, du jour où la nouvelle Coutume de Paris (art. 334) eut déclaré les successeurs aux biens « tenus à contribuer au payement des dettes, » on a vu immédiatement dans cette disposition le principe d'une action personnelle contre eux au profit des créanciers héréditaires ; — dans le Code civil enfin, les art. 1009 et 1012 consacrent l'obligation des légataires universels et à titre universel vis-à-vis de ces créanciers. S'il n'en est pas parlé dans nos lois quant aux successeurs irréguliers, c'est que la question n'a jamais été discutée pour eux dans l'ancien droit; ils sont, d'ailleurs, en vertu de leur vocation légale, des successeurs universels et la règle s'applique sans difficulté. Seulement, s'ils sont ainsi obligés personnellement, ce n'est pas comme continuateurs de la personne : la représentation juridique du défunt est, comme la saisine, une conception tout arbitraire du législateur, dont le Code civil, fidèle aux traditions coutumières, ne fait application qu'aux seuls héritiers

_____

(1) L'art. 351 C. civ. est spécial à l'adoptant, et les règles de l'art. 873 sur l'obligation aux dettes ne doivent s'entendre que des héritiers légitimes.

légitimes ; les successeurs irréguliers, tenus personnellement envers les créanciers en vertu de leur acceptation, ne le sont que *propter rem*, comme successeurs aux biens et à raison des biens qu'ils recueillent.

Voyons les conclusions pratiques qu'il faut tirer de là :

1° L'obligation aux dettes imposée aux successeurs irréguliers est diminuée par le fait qu'ils viennent concurremment avec des légataires à titre universel ; mais, d'autre part, leur concours avec des héritiers légitimes n'améliore pas la position de ceux-ci à l'égard des créanciers. En d'autres termes, ils ne sont obligés que dans la mesure de l'actif par eux recueilli, mais ils ne « désobligent pas » d'autant, pour employer le mot de Pothier (1), les héritiers légitimes succédant avec eux. Ceux-ci doivent, comme représentant la personne du défunt, supporter les obligations nées de son chef proportionnellement à la part dont ils sont respectivement saisis dans sa succession ; peu importe que cette part soit réduite par suite du concours d'autres successeurs devant contribuer au payement des dettes mais non continuateurs de la personne. Telle était la règle incontestée du droit coutumier (2) ; telle est encore, croyons-nous, celle du droit moderne et elle s'applique, à notre sens, alors même que, le successeur irrégulier ayant reçu délivrance de sa part, les créanciers ont désormais une action directe et personnelle contre lui : les créanciers peuvent ne tenir aucun compte de sa présence et agir uniquement contre les héritiers légitimes (3).

Nous en trouvons la preuve dans la comparaison des règles écrites dans les articles 870 et 873 C. civ. : — le premier, relatif à la contribution aux dettes, décharge les héritiers en proportion de la part d'actif prise par les successeurs aux biens ; — l'article 873, au contraire, réglant pour ces mêmes héritiers l'étendue de l'obligation aux dettes, s'en réfère exclusivement à leur vocation initiale sans mentionner aucune restriction. La solution

---

(1) Pothier, *Success.*, ch. V, art. 3, §§ 1, 2. Cette doctrine a été adoptée par les rédacteurs du Code civil, les travaux préparatoires et le texte de l'art. 1220 en font foi.

(2) Pothier, *loc. cit.*, Lebrun, *Success.*, liv. IV, ch. II, sect. 1, n°ˢ 3 et 5.

(3) Marcadé, sur l'art. 873. Colmet de Santerre, t. III, n° 209 *bis*, I. Aubry et Rau, t. VI, p. 668, § 636, notes 8 et 9. De Caqueray, *Rev. prat.*, 1861, t. XII, p. 253. — *Contra* Bordeaux, 12 juillet 1867, S., 67, 2, 340, et dans les motifs Cass., 13 août 1851, S., 51, 1, 553 ; Toulouse, 19 juin 1852, P., 53, 1, 481.

d'ailleurs est logique, sinon parfaitement équitable. Jusqu'à la délivrance de sa part au successeur irrégulier, les héritiers légitimes sont tenus envers les créanciers proportionnellement à leur vocation, tout le monde est d'accord sur ce point ; comment alors la délivrance par eux exclusivement effectuée diminuerait-elle leur obligation ? Les créanciers pourront, il est vrai, désormais poursuivre le successeur irrégulier, mais la délivrance entraîne une simple accession de nouveaux débiteurs aux anciens et cette accession, n'opérant pas novation, laisse entier le droit de poursuite originaire des créanciers.

Si le successeur irrégulier vient en concours avec un légataire à titre universel, en dehors de tout héritier légitime, la situation est différente : ni l'un ni l'autre ne représentant la personne du défunt, la mesure de leur obligation respective envers les créanciers est proportionnée à la part prise par chacun d'eux dans l'actif, puisqu'elle n'a pas d'autre fondement juridique. Soit donc une succession se partageant par moitiés entre un successeur irrégulier et un légataire, le créancier héréditaire devra diviser son action et ne pourra poursuivre chacun d'eux que pour moitié.

2° De ce que le successeur irrégulier ne continue pas la personne du défunt, nous concluons encore qu'il ne peut jamais être tenu des dettes au delà des forces de son émolument, sans que, pour obtenir ce résultat, il ait besoin de recourir au bénéfice d'inventaire (C. civ., art. 793). Par là, il se différencie profondément des héritiers légitimes : sans doute, il devra, pour pouvoir limiter son obligation à la part recueillie par lui, établir la consistance de cette part au moyen d'un acte non suspect, d'un inventaire le plus souvent en pratique, mais il n'aura pas à faire de déclaration solennelle au greffe. Seuls, croyons-nous, les continuateurs de la personne peuvent être obligés aux dettes héréditaires *ultra vires successionis* et nul texte, nous le savons, ne donne cette qualité aux successeurs irréguliers (1).

Notre affirmation a besoin d'être étayée de preuves, car elle est contestée par d'éminents auteurs d'une part (2) et d'autre

______

(1) Marcadé, sur l'art. 793. Demante et Colmet de Santerre, t. III, n° 24 *bis*. Aubry et Rau, t. VI, § 639, p. 706, note 23. Laurent, t. XIV, n° 101.

(2) Demolombe, *Success.*, t. I, n° 160. Belost-Jolimon sur Chabot, art. 773,

part la tendance de la jurisprudence, manifestée surtout à propos de légataires universels ou à titre universel (1), mais aussi dans un arrêt récent relativement aux successeurs irréguliers (2), est d'assimiler les successeurs à la personne et les successeurs aux biens, qu'ils soient appelés par la loi ou par la volonté de l'homme, au point de vue de l'obligation aux dettes, de les déclarer tous tenus *ultra vires* s'ils n'acceptent pas sous bénéfice d'inventaire. Cette tendance, peut-être plus conforme à la conception moderne de la succession, nous semble d'ailleurs en contradiction complète avec les textes et l'esprit du Code civil.

La question ne faisait aucun doute dans l'ancien droit et Pothier donne à l'appui de son opinion le même motif que nous : les successeurs aux biens, dit-il, sont tenus des dettes uniquement comme charges des biens par eux recueillis et non comme obligations personnelles auxquelles ils succèdent, ils sont donc nécessairement tenus *intra vires bonorum* (3). Notre ancienne jurisprudence ne comprenait, il est vrai, parmi les successeurs irréguliers que l'Etat, les monastères et certains seigneurs hauts justiciers ; le conjoint survivant et les enfants naturels étaient de véritables héritiers ; mais il ne s'ensuit nullement que, en modifiant la composition de chaque catégorie de successibles, le Code civil ait abandonné la distinction traditionnelle. Qu'il y ait eu en 1804 des changements apportés quant aux personnes à ranger dans la classe des successeurs irréguliers, c'est incontestable ; qu'il en résulte une transformation radicale dans les règles de l'obligation aux dettes en ce qui les concerne, nous n'en voyons nulle part la preuve. L'article 724 est le seul article du Code qui traite de l'obligation *ultra vires* (4), or il ne s'applique qu'aux héritiers légitimes, et

obs. 5. Vigié, *Cours de droit civil*, t. II, p. 228. Dalloz, *Suppl.* au *Rep.*, v° *Disposition entre vifs et test.*, n°ˢ 935, 950.

(1) Alors même que les premiers n'ont pas la saisine : Cass., 13 août 1851, S., 51, 1, 657 ; Toulouse, 19 juin 1852, P., 53, 1, 481 ; Montpellier, 9 juin 1869, et Cass., 11 mai 1870, D., 71, 1, 141.

(2) La Cour de Toulouse a déclaré tenu *ultra vires* au payement des legs le conjoint survivant appelé à recueillir l'hérédité à défaut de parents (Toulouse, 16 mars 1882, S., 83, 2, 73). Voir, sur cet arrêt, la note de M. Labbé.

(3) Pothier, *Success.*, ch. VI, *in fine*.

(4) On s'accorde à considérer comme étrangers à la question les articles 873, 1009 et 1012 qui, d'ailleurs, ne s'appliquent pas aux successeurs irréguliers.

c'est logique puisque seuls aussi ces héritiers continuent la personne du défunt. L'article 723 montre bien d'ailleurs que les principes coutumiers ont été maintenus, il oppose en effet les successeurs irréguliers aux héritiers légitimes : ceux-ci succèdent, les biens « passent » à ceux-là ; c'est un souvenir de l'ancienne doctrine et l'on en doit conclure que, aujourd'hui encore, les successeurs irréguliers ne sont tenus des dettes que jusqu'à concurrence de leur émolument.

L'opinion contraire invoque principalement en sa faveur l'article 724. Ses partisans font d'abord remarquer que ce texte présente l'obligation de payer les dettes *ultra vires* comme une conséquence de la saisine reconnue par la loi au profit des héritiers légitimes ; or, disent-ils, l'envoi en possession confère aux successeurs irréguliers une saisine judiciaire qui les place *ex post facto* dans une situation identique à celle des héritiers au point de vue des avantages à retirer de la succession, donc aussi quant aux charges en résultant. — Rien de moins décisif qu'un tel raisonnement. Sans insister sur ceci que, pour être logiques, ces auteurs devraient aller jusqu'à considérer l'Etat lui-même comme obligé *ultra vires* quand il recueille une succession à défaut de tout successeur universel (C. civ., art. 723, 724, 767), ce que nul d'entre eux ne veut pourtant admettre, il faut reconnaître que l'idée d'une saisine de fait conférant à ceux au profit de qui elle s'opère la qualité de continuateurs de la personne du *de cujus* est une conception toute moderne, sans appui dans les textes du Code. La continuation de la personne du défunt n'est pas une conséquence de la saisine légale ; c'est au contraire parce que, aux yeux de la loi, les héritiers légitimes représentent cette personne qu'ils ont la saisine : l'article 1220 en fournit une preuve convaincante en ne déclarant saisies que les personnes représentant le défunt et dans la mesure même où elles le représentent. Comment donc attribuer à une prétendue saisine judiciaire un effet qui ne résulte pas de la saisine légale, sans qu'aucun texte vienne corroborer cette affirmation ?

C'est d'ailleurs tout à fait arbitrairement qu'on prétend rattacher l'obligation aux dettes *ultra vires* à l'idée de saisine même légale ; bien que rapprochées par l'article 724, les deux théories n'en restent pas moins fort distinctes, comme elles l'ont toujours été, l'histoire en fait foi. Le droit romain ne connaissait pas la saisine (1), cependant les héritiers étaient alors tenus des dettes *ultra vires;* dans l'ancien droit d'autre part, quoique ayant la saisine, les successeurs irréguliers n'étaient tenus que dans la mesure de leur émolument. Pourquoi dès lors vouloir aujourd'hui rattacher l'une à l'autre deux idées voisines assurément, mais cependant indépendantes?

Reste alors un dernier argument à réfuter. Si l'article 724 ne dit rien quant à l'obligation aux dettes des successeurs irréguliers, il faut, nous dit-on, en conclure qu'elle pèse sur eux avec la même énergie que sur les héritiers. L'équité le demande à peine de leur créer une situation successorale préférable à celle des parents légitimes; et aussi les principes du droit : en acceptant la succession, les successeurs irréguliers s'engagent personnellement envers les créanciers héréditaires, or quiconque s'oblige personnellement oblige tous ses biens (C. civ., art. 2092), l'obligation doit donc s'étendre *ultra vires successionis.* — Raisonner ainsi, c'est déduire d'un principe certain une conséquence erronnée. Il est vrai que le successeur irrégulier, obligé personnellement, oblige tous ses biens; mais jusqu'à concurrence de quelle somme cette obligation existe-t-elle ? C'est ce que l'article 2092 ne dit pas et ne peut pas dire, le montant de l'obligation se déterminant dans chaque espèce d'après le titre ou la cause d'où elle procède; l'article 2092 ne s'applique que dans la mesure de ce quantum (2). Nous nous retrouvons donc en présence du seul article 724 dont la disposition relative à l'obligation *ultra vires* est inapplicable aux successeurs irréguliers.

Résumons d'un mot cet exposé des principes généraux. Tous les successeurs irréguliers sont des successeurs universels, car ils exercent leurs droits en vertu d'un titre légal de succession et toute vocation légale à l'hérédité constitue un titre universel (3). — Ce ne sont d'ailleurs que de simples successeurs

----

(1) Malgré les savantes études de MM. Dubois (*Nouv. Rev. hist.*, année 1880) et Planiol (*Rev. crit.*, année 1885, p. 437-453), l'origine romaine de la saisine est loin d'être démontrée.

(2) Aubry et Rau, t. VI, p. 707, § 639, note 23.

(3) *Sic*, pour l'ascendant donateur (C. civ., art. 747), Aubry et Rau, t. II, § 175, note 3, p. 69; t. VI, § 608, notes 29 et 32, p. 352; et d'une façon générale, t. VI, p. 717 et suiv., § 640 *bis.*

aux biens, ne représentant pas la personne du défunt, tenus sans doute de contribuer au payement de ses dettes, exposés aux poursuites de ses créanciers, mais uniquement à raison des biens qu'ils recueillent et dans la mesure de leur émolument. Leur situation en somme est analogue à celle d'un héritier ayant accepté bénéficiairement. Il y a cependant entre eux et lui une différence qu'il ne faut pas négliger. L'héritier bénéficiaire n'est pas seulement tenu des dettes *intra vires*, il n'en est tenu que sur les biens de la succession et ne peut être poursuivi sur son patrimoine personnel, demeuré distinct de celui du défunt (C. civ., art. 802, 803). Il en est autrement des successeurs irréguliers : ils sont tenus personnellement et sur tout leur patrimoine quoiqu'*intra vires* (C. civ., art. 2092) et ne se libéreraient pas par l'abandon de ce qu'ils ont recueilli. Pour décharger leurs biens personnels de toute obligation ils ont donc, théoriquement au moins et dans cette mesure restreinte, besoin du bénéfice d'inventaire.

La doctrine que nous venons d'exposer relativement aux successeurs irréguliers est, croyons-nous, la seule conforme aux principes du Code, mais il faut répéter ici qu'elle a de moins en moins de chances de triompher en pratique. La jurisprudence en vient à supprimer presque toute différence au point de vue des dettes héréditaires entre les héritiers légitimes et les successeurs aux biens et voici comment s'explique pratiquement cette tendance : presque toujours le successeur aux biens doit avoir recours à un inventaire, s'il veut prouver la consistance de sa part dans l'hérédité et limiter ainsi son obligation aux dettes ; reste donc en fait entre lui et l'héritier légitime cette seule différence que, pour atteindre le même but, ce dernier doit faire une déclaration au greffe (art. 793). La différence en pratique paraît minime et l'assimilation des deux situations toute naturelle. La jurisprudence l'a faite : elle considère comme tenu aux dettes même *ultra vires* tout successeur universel qui n'a pas accepté bénéficiairement.

§ 2. — *Application des principes généraux au conjoint survivant.*

Les règles ci-dessus posées pour tous les successeurs irréguliers s'appliquent incontestablement au conjoint survivant venant exercer dans la succession de son époux prédécédé un droit successoral en pleine propriété. Ce conjoint n'a pas de réserve et il n'est appelé à succéder ainsi qu'à défaut d'héritiers légitimes ou même de successeurs irréguliers ; seul, l'Etat est primé par lui (C. civ., art. 767). En principe donc, il vient seul à la succession et, pour que la question de la contribution aux dettes et de la division par le créancier héréditaire de son action puisse se poser, il faut supposer le concours avec le conjoint d'un légataire à titre universel, d'un légataire pour moitié par exemple. Dans ce cas, chacun des deux successibles devra contribuer au payement de la dette proportionnellement à la part qu'il prend dans la succession, sauf volonté contraire du *de cujus* ; c'est dans la même proportion également que l'action du créancier devra s'exercer contre chacun d'eux, pour moitié dans notre espèce, et le testateur, pouvant permettre au créancier d'agir contre l'un ou l'autre des deux successibles pour plus que cette part, ne pourra cependant pas lui enlever le droit d'agir contre chacun au moins pour cette moitié. D'autre part, le créancier, n'ayant devant lui aucun continuateur de la personne du défunt, devra nécessairement diviser son action et nous pensons aussi qu'il lui sera impossible de se prévaloir de l'article 877 C. civ., dont la disposition ne s'applique qu'aux héritiers légitimes. Enfin, que le conjoint vienne seul ou en concours avec un légataire, il n'est, croyons-nous, obligé aux dettes que dans les limites de son émolument (1).

Faudra-t-il raisonner de même relativement au conjoint exerçant son droit successoral en usufruit ? Voici alors comment on procéderait : il faudrait estimer la valeur de l'usufruit légal du conjoint par rapport à l'ensemble des biens de la succession, ce serait dans cette proportion qu'il devrait contribuer au paye-

---

(1) Félix Bonnet, *op. laud.*, p. 16. — Rouard de Card, *op. laud.*, p. 44. — Bouvier-Bangillon, *Revue générale*, 1892, p. 153. — Dans le même sens, tous les orateurs dans la discussion de la loi et notamment M. Piou à la Chambre des députés, discours du 26 février 1891, *Journal officiel* du 27 fév., p. 448. — *Ctra* Toulouse, 16 mars 1882, S., 83, 2, 73 : « le conjoint survivant appelé à l'hérédité à défaut de parents tient de la loi un droit héréditaire qui lui fait activement et passivement la même situation qu'aux héritiers légitimes, » partant il est tenu *ultra vires* au payement non seulement des dettes, mais même des legs. Dans le même sens, Zeglicki, *Rev. crit.*, 1892, p. 105. — Cf. Souchon, *Rev. crit.*, 1891, p. 240.

ment des dettes héréditaires et qu'il serait obligé envers les créanciers personnellement, partant sur tous ses biens personnels. Cette obligation se restreindrait, à notre sens, au montant de la part recueillie par lui, mais il agirait prudemment, en pratique, en effectuant une acceptation bénéficiaire. Comme le conjoint vient alors en concours avec des héritiers légitimes ayant la saisine, les héritiers resteraient personnellement obligés pour la totalité des dettes envers les créanciers, sans que ceux-ci eussent à tenir compte nécessairement de la présence d'un successible non-continuateur de la personne du défunt.

Mais cette manière d'envisager la question est contredite par tous les commentateurs de la loi nouvelle qui font intervenir dans la question un texte relatif aux rapports de l'usufruitier et du nu propriétaire : l'article 612 C. civ. La loi du 9 mars 1891 n'en dit rien, il est vrai, et nul ne conteste que le conjoint survivant, succédant en usufruit, ne soit un successeur irrégulier. Seulement c'est un successeur en usufruit ; pour justifier une solution différente de celle admise quand il recueille sa part en pleine propriété, on invoque l'analogie frappante entre le cas prévu par l'article 612 et le nôtre et surtout la déclaration faite à la Chambre des députés par le rapporteur de la loi dans les travaux préparatoires.

Voici en quelles circonstances est intervenue cette déclaration. Un député, remarquant que la loi nouvelle instituait pour la première fois, dans notre législation, un successeur légal n'ayant droit qu'à de l'usufruit exclusivement (1), demandait qu'on réglât législativement la situation de ce successible à l'égard des dettes héréditaires au point de vue tant de la contribution que de l'obligation. Il proposait, en conséquence, d'insérer au texte une évaluation légale de l'usufruit et de fixer ainsi la mesure dans laquelle le conjoint serait tenu au payement de ces dettes (2). — M. Piou combattit l'amendement qu'il

______

(1) L'article 754 C. civ. prévoit aussi un cas d'usufruit légal successoral, mais la question que nous posons relativement au conjoint survivant a moins d'intérêt dans cette autre hypothèse : les parents, titulaires de cet usufruit, viennent déjà à la succession pour une quote-part en pleine propriété et sont, en qualité d'héritiers légitimes, tenus des dettes *ultra vires successionis*.

(2) M. Taudière, Chambre des députés, séances des 22 mars 1890 et 26 février 1891, *Journal officiel* du 27 février, p. 447 et 449. — Cette évaluation légale de l'usufruit aurait été d'ailleurs utile à d'autres points de vue, notamment

2

présenta comme une tentative d'obstruction : l'adopter eût été, d'après lui, faire de la loi « un manuel de droit à l'usage des étudiants de première année..., un appendice des tables de Deparcieux (1) ; » c'eût été surtout retarder le vote définitif de la loi. Quant à la question juridique posée, que de semblables arguments ne sauraient résoudre, le rapporteur s'évita la peine de la discuter en en niant l'existence : « Il suffit, » a-t-il dit, « de bien définir la situation légale de l'époux bénéficiaire de
» l'usufruit et de le désigner comme un successeur irrégulier
» pour que la question de contribution aux dettes se trouve
» aussitôt tranchée. Le successeur irrégulier n'y contribue, en
» effet, qu'en proportion de son émolument, et cela en vertu
» des principes généraux de notre législation civile. Comment
» agira-t-on pour la liquidation et le règlement de l'usufruit?
» Evidemment d'après les bases posées par la loi elle-même
» dans l'article 612 du Code civil. C'est à l'article 612 que la
» loi se réfère sans avoir besoin de le déclarer expressément,
» car il édicte le principe général en matière d'usufruit... L'ar-
» ticle 612 s'appliquera dans tout son contenu... Les choses se
» passeront comme elles se passent aujourd'hui. Il y a une
» foule de successions auxquelles l'époux survivant prend part
» soit comme légataire, soit comme donataire d'usufruit; la liqui-
» dation de ces successions se fait sur les bases posées par
» l'article 612. Eh bien, il en sera, en matière d'usufruit légal,
» comme il en est aujourd'hui en matière d'usufruit testamen-
» taire... (2). »

Avant de faire ressortir combien cette réponse est douteuse au point de vue juridique dans l'état actuel de notre législation,

---

quand l'époux survivant, ayant reçu une libéralité en pleine propriété de son conjoint, voudra exercer l'action en complément d'usufruit que lui réserve le nouvel article 767, en soutenant qu'il n'est pas rempli de ses droits successifs (Bouvier-Bangillon, *Revue générale*, 1892, p. 140).

(1) L'évaluation par la loi de l'usufruit comparé à la propriété n'est pourtant pas chose inouïe dans notre législation : voyez en matière fiscale la loi du 22 frimaire an VII. D'autre part, le législateur de 1804 s'est efforcé d'enlever aux juges le soin de faire cette évaluation là où ils y eussent été forcés par les circonstances : la règle de l'article 917 C. civ. le démontre suffisamment. L'idée de présenter comme supérieure à une évaluation légale l'évaluation faite par les magistrats est donc toute nouvelle chez le législateur.

(2) *Journal officiel*, 27 février 1891, p. 448, Chambre des députés.

voyons l'hypothèse prévue par l'article 612 et les règles qu'il contient. Ce texte, visant le cas d'un usufruit constitué par testament, déclare que, si cet usufruit s'étend à l'universalité ou à une quote-part des biens héréditaires, le légataire devra contribuer avec le nu-propriétaire, c'est-à-dire en général l'héritier, au payement des dettes devenant exigibles, pour les intérêts seulement et en proportion de son droit (1). Cette contribution s'effectuera de la façon suivante. L'usufruitier a un droit d'option : il peut avancer la somme réclamée par le créancier, sauf à s'en faire rembourser le capital à la fin de l'usufruit sans aucun intérêt ; ou bien laisser le nu-propriétaire payer le capital, en lui tenant compte des intérêts pendant la durée de l'usufruit ; le nu-propriétaire qui ne peut ou ne veut pas faire cette avance est d'ailleurs en droit d'exiger la vente jusqu'à due concurrence de portion des biens soumis à l'usufruit. Soit donc une succession grevée de 40,000 francs de dettes et un legs d'usufruit portant sur la moitié de l'actif héréditaire, le légataire est tenu envers l'héritier de payer, pendant la durée d'exercice de son droit, la moitié des intérêts. Les dettes viennent-elles à échéance, l'usufruitier doit : ou avancer 20,000 francs qui lui seront rendus sans intérêts en fin d'usufruit, ou payer à l'héritier l'intérêt de cette somme, à moins qu'à la demande du nu-propriétaire, il ne soit vendu des biens sur lesquels s'exerce l'usufruit pour une valeur de 20,000 francs.

Tel est le texte qui, d'après le rapporteur de la loi de 1891, doit s'appliquer à l'usufruit légal du conjoint dans tout son contenu, sans en excepter le droit d'option de l'usufruitier. Se plaçant au point de vue de la contribution aux dettes, M. Souchon considère qu' « en présence de cette déclaration très nette, l'application de l'article 612 doit être admise sans difficulté *bien qu'il n'en soit pas question dans la loi* (2). » C'est aussi l'opinion admise par les commentateurs (3); l'un d'eux même,

---

(1) Il n'y a lieu d'estimer le bien soumis à usufruit que si le legs d'usufruit porte non sur une quote-part de la succession, mais sur une quote-part des meubles ou des immeubles. Aubry et Rau, t. II, p. 504, § 232, note 6. Demolombe, t. X, n° 533.

(2) *Revue critique*, 1891, p. 241.

(3) F. Bonnet, p. 16-18, n. 11. — Rouard de Card, p. 40. — Bouvier-Bangillon, *Revue générale*, 1892, p. 153.

s'appropriant les paroles de M. Piou, y ajoute ce commentaire :
« il n'est pas douteux que l'usufruitier légal et l'usufruitier testamentaire doivent être assimilés au point de vue des obligations qui leur incombent (1). »

Malgré ces imposantes autorités et toute l'estime que nous
avons pour la science de ces auteurs, il nous paraît difficile
d'admettre, dans le silence de la loi et sur la seule affirmation
sans preuves du rapporteur, l'application au conjoint survivant
successeur légal d'un texte écrit pour un légataire particulier,
alors que la situation de l'un diffère si essentiellement de celle
de l'autre.

Ecartons tout d'abord un argument qui pourrait sembler spé-
cieux. La loi est muette, nous dit-on, c'est vrai, mais le rapporteur a parlé et il faut chercher dans ses paroles l'interprétation de la loi ; la Chambre des députés n'a-t-elle pas d'ailleurs
montré qu'elle adoptait son opinion en rejetant sur sa demande
l'amendement proposé? — La réponse nous semble facile à
donner. — C'est une vérité indiscutée en matière juridique que
les opinions émises dans les travaux préparatoires même par le
rapporteur d'une loi ne peuvent être assimilées à une interprétation authentique de son texte; tous les auteurs sont unanimes
sur ce point (2). Il y a là seulement un des nombreux éléments
servant à préciser la pensée du législateur, ce n'est pas le seul
ni même le plus important. Notre règle s'applique non seulement aux simples affirmations du rapporteur n'ayant pas une influence directe sur la rédaction de la loi, mais même aux arguments invoqués par lui pour provoquer une modification dans
le texte proposé, quand cette modification a été acceptée par le
législateur. La jurisprudence nous en fournit bien des exemples
dans des hypothèses autrement délicates que la nôtre. Le rapporteur de 1891, remarquons-le, a présenté plusieurs motifs
pour faire rejeter l'amendement en question et il a surtout insisté sur la nécessité d'arriver immédiatement à une solution
définitive; il est impossible de dire exactement à quel mobile

---

(1) Zeglicki, *Revue critique*, 1892, p. 186. Cette assimilation complète nous
semble à tout le moins inexacte, et les autres commentateurs, alors même que
leurs conclusions sont conformes à celles de M. Zeglicki, se gardent de la faire.

(2) Zachariae, t. I, § 41. — Aubry et Rau, t. I, § 41, p. 133. — Laurent, t. I,
n° 275, p. 350. — Colmet de Santerre, t. I, n° 26.

ont obéi les divers députés qui ont voté selon ses indications ;
il serait donc juste d'appliquer ici le principe qui, en matière
de jugements, ne reconnaît pas l'autorité de la chose jugée aux
motifs de la décision et de ne pas conclure du rejet de l'amendement à l'adoption par le législateur de l'argumentation du
rapporteur. Mais la jurisprudence va plus loin encore. Alors
même qu'un seul motif, et un motif juridique, a été présenté à
l'appui d'un changement opéré dans la rédaction d'une loi, les
tribunaux se reconnaissent le droit d'entendre le texte dans un
sens tout différent de celui que proposait l'auteur de la modification. Ils en ont donné des preuves topiques relativement à
l'article 642 du Code civil et à la loi du 5 janvier 1883 modifiant les articles 1733 et 1734 du Code civil.

L'article 642 C. civ. indique à quelles conditions le propriétaire d'un fonds inférieur acquiert par prescription le droit de
se servir des eaux d'une source existant dans le fonds supérieur : il exige notamment la confection par ce propriétaire de
travaux *apparents* ; or le mot *travaux apparents* a été substitué
à celui de *travaux extérieurs* sur les observations du Tribunat
pour bien préciser qu'on n'exigeait pas que ces travaux fussent
faits sur l'héritage supérieur. Néanmoins, les tribunaux sont
unanimes pour ne faire courir la prescription qu'autant que les-
dits travaux empiètent sur le fonds supérieur (1). Ils interprè-
tent l'article 642 modifié sans tenir compte de l'intention de
ceux-là même qui ont obtenu cette modification.

La même chose se passe pour l'article 1734 nouveau. Dans
les travaux préparatoires à la loi du 5 janvier 1883, on a dit et
redit que les locataires ne seraient plus jamais, en cas d'incendie, présumés en faute à l'égard du propriétaire bailleur, qu'on
leur appliquerait désormais le droit commun. Les deux sa-
vants jurisconsultes, rapporteurs à la Chambre des députés et
au Sénat, MM. Durand et Batbie, ont d'autant plus insisté sur
ce point qu'il y avait désaccord entre les deux assemblées sur
l'étendue de la réforme à opérer. Or, voici comment M. Batbie,

____

(1) Cass., 25 août 1812, S., chr.; 6 juillet 1825, S., chr.; 5 juillet 1837, S., 37,
1, 565; 15 avril 1845, S., 45, 1, 583; 15 février 1854, S., 54, 1, 186; 18 mars 1857,
S., 57, 1, 263; 8 février 1858, S., 58, 1, 193; 23 janvier 1867, S., 67, 1, 125; Dijon,
5 avril 1871, S., 72, 2, 79. — *Sic* Laurent, t. VII, n° 200; Troplong, *Prescript.*,
n° 114; *Ctra* Aubry et Rau, t. III, p. 37, § 244, note 17.

défendant au Sénat le texte qui a définitivement prévalu, en entendait le sens. Il supposait une maison habitée par plusieurs locataires et disait : « Pour son appartement qui est l'objet de » son bail, le preneur est tenu en vertu de l'article 1302 ; pour » le reste de la maison, le locataire n'est obligé que par l'arti- » cle 1382. Aussi doit-il prouver, pour la portion qu'il habite, » qu'il n'est pas en faute. Pour les appartements voisins, il faut » au contraire qu'on lui prouve qu'il est en faute (1). » Rien de plus clair et de plus formel que cette distinction ; le Sénat vota l'article rédigé en ce sens et M. Durand, quand la loi re- vint à la Chambre des députés, ne l'entendit pas autrement ; il en demanda le vote, quoiqu'à regret, estimant qu'on sacrifiait trop l'intérêt des propriétaires (2). — Malgré cette unanimité dans les travaux préparatoires, la jurisprudence a compris tout différement le nouvel article 1734. Au cas où une maison dans laquelle éclate un incendie est occupée par plusieurs locataires, s'il est prouvé par quelques-uns d'entre eux que le feu n'a pas commencé chez eux, les autres sont déclarés responsables de l'inté- gralité du dommage, alors même que la preuve d'une faute po- sitive de leur part n'est pas administrée (3). C'est donc bien que l'opinion d'un rapporteur, lors même qu'elle a exercé une grande influence sur le vote du texte définitif, ne s'impose pas uniquement et nécessairement aux juges pour l'interprétation de la loi.

Mais du moins l'article 612 qu'on nous propose d'appliquer au conjoint survivant venant à la succession en vertu de l'ar- ticle 767 nouveau, constitue-t-il le droit commun, s'imposant à nous à ce titre à l'égard d'un usufruit quelconque, et suffirait- il à régler la situation du conjoint vis-à-vis des créanciers héré- ditaires ? Nous ne le croyons pas.

Quand le rapporteur de la loi de 1891 a voulu étendre au nouvel usufruit légal les règles de l'article 612, il a toujours

---

(1) *Journal officiel*, Sénat, mai 1882, p. 246.

(2) Second rapport Durand, *Journal officiel*, 1882, Documents parlementaires, p. 2416.

(3) Cass., 5 avril 1887, S., 87, 1, 125 ; 9 mai 1892, S., 92, 1, 240 ; Toulouse, 19 février 1885, S., 85, 2, 73 ; Dijon, 23 décembre 1885. S., 86, 2, 35 ; Paris, 10 novembre 1886, S., 86, 2, 231 ; Nimes, 15 mars 1884, et Tribunal de la Seine, 2 août 1884, S., 85, 2, 1.

envisagé les rapports du conjoint survivant avec les héritiers légitimes nu-propriétaires ; il n'a pas dit un mot du cas où les créanciers de la succession voudraient intenter une action directe contre ce successeur irrégulier. Cette réserve était judicieuse : l'article 612 en effet ne s'occupe et ne peut s'occuper que de la contribution, non de l'obligation aux dettes, pour ce motif très simple que le légataire en usufruit est nécessairement un légataire à titre particulier et dès lors n'est pas obligé personnellement envers les créanciers de la succession, en tant que légataire tout au moins. S'il est tenu à quelque chose, c'est uniquement parce qu'il est usufruitier et comme charge de l'usufruit.

Que le legs d'un usufruit, portât-il sur une quote-part ou même sur la totalité de la succession, ne constitue néanmoins qu'un legs particulier, n'attribuant au légataire aucun des droits ni aucune des obligations attachés à la qualité de successeur du défunt, c'est là un point constant dès longtemps en doctrine (1), admis également par tous les arrêts récents des Cours d'appel (2) ; et la Cour de cassation, après avoir semblé combattre cette doctrine (3), l'a sanctionnée implicitement tout au moins par son dernier arrêt sur la matière (4). Un des arrêts les plus topiques pour notre sujet est celui de la Cour de Rennes du 15 janvier 1880 : un mari avait, en mourant, institué sa femme légataire d'une quote-part de sa succession et celle-ci s'était rendue cessionnaire d'un droit appartenant à l'hérédité, la cour autorise contre elle l'exercice du retrait successoral (C. civ., art. 841), le legs qu'elle avait reçu ne constituant qu'un legs particulier et ne lui conférant pas la qualité de successible.

Mais les légataires particuliers ne sont aucunement tenus des dettes de la succession (C. civ., art. 1024), sauf à voir leur part réduite si la coexistence des dettes et du legs porte atteinte

---

(1) Demolombe, t. XXI, n° 586. Colmet de Santerre, t. IV, n° 157 *bis*, II. Marcadé sur l'article 1010. Aubry et Rau, t. VII, § 714, note 19, p. 468. Laurent, t. XIII, n° 526.

(2) Bordeaux, 19 février 1853, S., 53, 2, 327; Riom, 26 juillet 1862, S., 63, 2, 1 ; Agen, 19 décembre 1866, S., 67, 2, 180; Nimes, 21 décembre 1866, S., 67, 2, 320; Dijon, 14 juillet 1879, S., 79, 2, 261; Rennes, 15 janvier 1880, S., 81, 2, 185.

(3) Cass., 7 et 28 août 1827, S., chr., 8 décembre 1862, S., 63, 1, 134. Encore ces arrêts n'y sont-ils pas contraires quant au fond.

(4) Cass., 8 juillet 1874, S., 74, 1, 492. L'arrêt du 14 août 1889, D., 90, 1, 168 n'avait pas à prendre partie sur la question.

à la réserve des héritiers; ils n'en sont tenus ni au point de vue de la contribution, ni au point de vue de l'obligation, ces dettes fussent-elles contractées pour la conservation ou l'amélioration de la chose léguée (1). Comment justifier cette différence profonde avec les légataires universels ou à titre universel? Il ne suffit pas pour cela de voir dans l'article 1024 une interprétation de la volonté du testateur désirant faire parvenir au légataire particulier sa libéralité quitte de toute charge ; cette explication serait insuffisante, car, en matière d'obligation aux dettes, il est de principe que le rapport de débiteur à créancier ne peut être modifié au détriment de ce dernier qu'avec son consentement. Cette disposition législative s'explique par la règle traditionnelle que les charges, incombant à l'universalité des biens, ne sauraient grever un legs particulier, sauf volonté contraire du disposant : ce dernier, en effet, s'il ne peut empirer la situation de ses créanciers à l'égard d'un légataire universel en le déchargeant de toute obligation quant à eux, peut, au contraire, imposer à un légataire particulier l'obligation personnelle d'acquitter une dette (2).

Par là s'explique l'article 612. Le légataire d'un usufruit portant sur la totalité ou sur une quote-part de la succession est légataire à titre particulier, son bénéfice ne rentre, en effet, ni dans la définition du legs universel (C. civ., art. 1003), ni dans celle du legs à titre universel (C. civ., art. 1010); et cependant il doit supporter partie du passif, il est tenu de l'intérêt des dettes vis-à-vis de l'héritier. C'est qu'il y a là une charge impliquée par la nature du droit, objet du legs, à l'égal des réparations d'entretien et de toutes autres dépenses qui sont censées devoir être prises sur les fruits (art. 605 et 608). Le testateur aurait pu enlever à son légataire même cette part restreinte dans le fardeau de la dette (3); mais, s'il ne l'a fait, l'art. 612 fait payer au bénéficiaire de la libéralité les intérêts, non pas en tant que légataire, mais à titre d'usufruitier, parce que les intérêts des dettes sont considérés comme une charge de

---

(1) Cass., 27 janvier 1852, S., 52, 1, 131. Demolombe, t. XXI, n° 655. Aubry et Rau, t. VII, p. 504, § 723, note 17.

(2) Demolombe, t. XXI, n° 656. Aubry et Rau, t. VII, p. 504, § 723, note 18.

(3) *Contra*, à l'époque où l'on voyait dans un tel legs un legs à titre universel, Montpellier, 12 janvier 1832, S., 32, 2, 528.

l'usufruit. La preuve en est facile à donner. Soit une dette héréditaire non productive d'intérêts : jusqu'à l'échéance, le légataire en usufruit ne doit rien ni à l'héritier nu-propriétaire, ni surtout au créancier ; mais la dette vient à échéance, le légataire, si elle est payée par l'héritier, doit tenir compte à ce dernier des intérêts (1), ou, si l'héritier ne veut pas faire l'avance, l'usufruitier subira la vente d'un des biens soumis à son droit. Dans ce cas, le légataire en usufruit paye les intérêts d'une dette qui n'en produisait pas au jour du décès du testateur ; c'est donc bien uniquement en sa qualité d'usufruitier qu'ayant la jouissance des biens, il doit supporter les intérêts des dettes (2).

Si le titulaire de l'usufruit ne contracte aucune obligation comme légataire, jamais, quelle que soit l'importance de son droit par rapport à la succession, les créanciers ne peuvent poursuivre sur ses biens personnels le remboursement du capital de leurs créances ni même d'une quote-part d'intérêts estimée par le juge d'après la durée probable de l'usufruit (3). Il n'est tenu que comme usufruitier et dans ses rapports avec le nu-propriétaire, telle est la disposition très sage de l'article 612. La conséquence strictement logique à en tirer serait que, même pour cette part réduite, le légataire ne peut pas être poursuivi par les créanciers envers lesquels il n'est pas obligé. Cependant la doctrine et certains arrêts autorisent les créanciers à lui réclamer directement les intérêts ou arrérages ayant couru pendant la durée de son usufruit et restant à sa charge sans qu'il puisse les répéter (4). L'article 610 donne cette solution

(1) Il en est ainsi quand même le nu-propriétaire a payé sans le consulter et sans le mettre à même de payer à sa place. Toulouse, 9 septembre 1833, S., 34, 2, 362.

(2) C'est encore parce qu'il n'est tenu que comme usufruitier qu'un tel légataire ne contribue pas, à l'égard des héritiers légitimes, au payement des dettes éteintes par la confusion en leur personne des qualités de créancier et de débiteur. Bordeaux, 19 février 1853, S., 53, 2, 327.

(3) Bordeaux, 1er mars 1838 et 12 mars 1840, S., 38, 2, 256, et 40, 2, 297. Demolombe, t. X, n° 522. Aubry et Rau, t. II, p. 505, note 11 ; t. VII, p. 468, note 19. Laurent, t. VII, n° 28. — Mais les créanciers peuvent poursuivre la pleine propriété des biens héréditaires.

(4) Cass., 8 décembre 1862, S., 63, 1, 134 (la Cour le considère comme légataire à titre universel), et 23 avril 1888 (motifs), S., 89, 1, 25 ; Bordeaux, 12 mars 1840, S., 40, 2, 297. — *Sic*, Colmet de Santerre, t. II, n° 455 *bis* ; Demo-

pour les arrérages d'une rente viagère, et on l'étend, *utilitatis et brevitatis causa*, aux intérêts des dettes ordinaires. Pour donner une base juridique à cette action des créanciers, dès lors que l'on admet le caractère particulier dans tous les cas du legs d'usufruit, il faut, ou la considérer de la part des créanciers héréditaires comme l'exercice d'un droit appartenant à l'héritier nu-propriétaire devenu leur débiteur par suite de son acceptation pure et simple de la succession (C. civ., art. 1166), ou (si l'on veut, avec les auteurs précités, leur permettre d'agir directement, même au cas d'acceptation bénéficiaire ou de séparation des patrimoines) se baser sur une présomption de volonté du testateur à cet égard : ce dernier peut, en effet, obliger directement envers ses créanciers un légataire particulier et la nature du droit conféré emporterait ici cette présomption.

Quoi qu'il en soit de cette explication, c'est bien avant tout et presque exclusivement l'utilité pratique, le désir d'éviter des recours successifs, qui a fait autoriser les créanciers héréditaires à exercer directement contre l'usufruitier les droits du nu-propriétaire. C'est d'ailleurs toujours comme usufruitier que le légataire est obligé tant au point de vue de la mesure de cette obligation qu'au point de vue de son existence même : l'abandon de son droit l'exonérerait pour l'avenir.

Si l'article 612 ne règle qu'une question de contribution aux dettes, si tout au moins l'obligation personnelle du légataire n'est fondée que sur son caractère d'usufruitier, il en résulte nécessairement que ce texte ne saurait régler les rapports directs du conjoint survivant, usufruitier légal, avec les créanciers. Tandis que le légataire d'usufruit n'était, comme tel, nullement tenu au payement des dettes héréditaires, le conjoint survivant est obligé comme successeur irrégulier ; son obligation, tout en dehors de l'article 612, C. civ., doit être examinée à part et ne trouve d'autres limites que celles posées par la loi pour les successeurs aux biens en général.

A cette argumentation, on fait deux objections : l'une tirée

lombe, t. X, n°ˢ 523, 543 ; Aubry et Rau, t. II, p. 505, § 232, note 10 ; Laurent, t. VII, n° 23, p. 31. *Ctra*, Agen, 19 décembre 1866, S., 67, 2, 180 ; D., 67, 2, 5, et la note dans Dalloz ; Amiens, 4 décembre 1884, S., 89, 1, 25. — Dans tous les cas, les créanciers peuvent agir pour le tout contre l'héritier nu-propriétaire. Cass., 23 avril 1888, S., 89, 1, 25.

de l'esprit de la loi du 9 mars 1891, l'autre de la nature du droit ainsi conféré au conjoint survivant.

Certains praticiens soutiennent que ce conjoint, ne succédant pas à la pleine propriété, n'a pas un véritable droit successoral, que le législateur, voulant suppléer à la négligence du prédécédé vis-à-vis de son époux et à l'absence de disposition testamentaire expresse, a réservé au conjoint survivant le bénéfice d'un legs en usufruit; la loi aurait constitué à son profit un legs tacite, legs particulier, soumis aux règles ordinaires, ne conférant pas à son titulaire plus de droits que le legs exprès, ne lui imposant pas plus de charges. C'est peut-être ce que veut dire M. Zeglicki quand il proclame l'assimilation complète de l'usufruitier légal et de l'usufruitier testamentaire « au point de vue des obligations qui leur incombent (1). » — Le raisonnement nous paraît peu juridique et il faudrait un texte bien formel pour y souscrire, car il va à l'encontre de tous les principes reçus jusqu'à ce jour. Le conjoint survivant, même apportionné en usufruit, est un successeur irrégulier : on l'a toujours dit dans les travaux préparatoires de la loi de 1891 (2) et cela résulte nécessairement de la partie du Code civil où le nouveau texte a été inséré (3). Or, s'il est vrai de dire que le Code civil, au titre des successions, fait le testament du défunt, il n'est plus exact de prétendre qu'il règle la dévolution des biens comme le défunt l'eût réglée lui-même, de telle sorte que les règles applicables à un légataire dans des conditions données le soient *ipso facto* à un successeur légal dans les mêmes conditions. Le législateur fait le testament du défunt non pas tel qu'il aurait été fait par lui, mais tel qu'il aurait dû l'être; partant de là, il attribue souverainement aux successeurs qu'il désigne certains avantages, il leur impose certaines charges ; sans doute, ce sont presque toujours de sa part des dispositions facultatives auxquelles les particuliers peuvent déroger, mais ce sont aussi des règles générales applicables par avance à tous les futurs successeurs légaux dont la situation n'aura pas été réglée législativement d'une façon particulière. Il ne

____

(1) *Revue critique*, 1892, p. 186.

(2) Voir les orateurs indiqués déjà et notamment M. Piou, séance du 26 février 1891, *Journal officiel* du 27, Chambre des députés, p. 448 et 449.

(3) A la suite de l'ancien article 767, ch. IV, sect. II du titre des *Successions*

suffit pas de dire que le but de la loi de 1891 a été d'accorder en principe à tous les conjoints survivants l'usufruit alloué jusqu'alors par testament à quelques-uns seulement, pour en conclure que les règles relatives à ces privilégiés d'autrefois s'appliquent à tous aujourd'hui ; il faudrait, en outre, démontrer que telle a été la volonté formelle du législateur, ce qui est impossible, le texte étant muet. Tant qu'on ne l'a pas fait, le conjoint survivant, invoquant, en l'absence de testament, l'article 767 2° du Code civil, est un successeur irrégulier, obligé envers les créanciers de la même manière que tout autre en vertu de son titre légal ; ce ne peut être un légataire, obligé seulement comme usufruitier. Pour combattre notre conclusion d'une façon juridique, on n'a plus qu'une ressource : celle de prouver que les dispositions de la loi sur les successeurs irréguliers sont inconciliables avec la nature du droit attribué au conjoint.

C'est ce qu'a fort bien compris M. Souchon : pour nier que le conjoint survivant, usufruitier légal en vertu de l'article 767 nouveau, soit obligé envers les créanciers héréditaires relativement au capital des dettes, il s'appuie, non sur le texte de l'article 612 réglant la situation du simple usufruitier, mais sur le caractère particulier de la vocation héréditaire en ce cas. Si, dit-il, il est vrai de soutenir que l'époux sera tenu seulement *intra vires emolumenti*, « ce n'est pas parce qu'il est suc- » cesseur irrégulier, puisqu'une jurisprudence constante déclare » les successeurs irréguliers tenus *ultra vires*, c'est parce qu'il » n'est pas successeur à titre universel, c'est parce qu'il est » appelé seulement à une universalité d'usufruit et qu'il ne » faut pas confondre l'universalité de l'usufruit et celle de la » succession (1). » Le conjoint survivant n'est donc pas obligé à l'égard des créanciers en tant que successeur ; ce n'est pas que la loi de 1891 lui confère un legs d'usufruit soumis aux mêmes règles qu'un legs véritable et exprès, mais, l'appelant à recueillir de l'usufruit, elle n'en a pas fait, d'après le savant agrégé, un successeur universel, alors que seuls les successeurs universels sont tenus des dettes de la succession.

L'argumentation est spécieuse, nous ne sommes pas con-

(1) *Revue critique*, 1891, p. 240.

vaincus cependant : très justifiable au point de vue philoso-
phique et législatif, elle nous paraît tenir peu de compte des
textes. Sans doute, la loi du 9 mars 1891 aurait pu considérer
le conjoint survivant comme un successeur à titre particulier,
mais elle ne le laisse pas entrevoir ; nous devons en conséquence appliquer les principes généraux de notre législation et
celui-ci en particulier : *tous les successeurs légaux, à quelque
titre et pour quelque part qu'ils viennent à la succession, sont
des successeurs universels* (1). Il ne faut pas, dites-vous, confondre
l'universalité de l'usufruit avec celle de la succession, nous sommes d'accord ; mais il ne faut pas davantage confondre les
successeurs légaux et les successeurs testamentaires, car la loi
distingue, au contraire, soigneusement les uns et les autres
(C. civ., art. 711), et règle leurs droits respectifs d'une manière
différente. Bien mieux, nulle part, dans le Code, on ne trouve
les légataires, même les légataires universels, qualifiés de successeurs ; il n'y a de successeurs véritables que les successeurs
légaux, seuls ils acquièrent les biens par succession et ils les
acquièrent tous ainsi (2). Au contraire, le titre d'acquisition des
légataires est une donation testamentaire, procédé dont l'énergie peut être plus ou moins grande : il y a des légataires
universels ou à titre universel et des légataires particuliers. La
loi ne fait point ces distinctions à l'égard des successeurs légaux ; tous sont des successeurs universels et nécessairement,
parce qu'ils viennent en vertu d'une vocation légale, parce que
leur titre est la succession, mode d'acquisition à titre universel en soi.

Peut-être les principes changeront-ils et verra-t-on la loi
réglementer la situation de successeurs légaux à titre particulier ; mais, à l'heure actuelle, il y a incompatibilité entre l'idée
de succession et celle de droit particulier, spécialement au
point de vue de l'obligation aux dettes. On peut en donner une
preuve topique. S'il faut, pour qu'un légataire puisse être
considéré comme universel ou à titre universel, obligé à ce

____

. (1) *Sic* Louis Guénée, *de l'invisibilité de l'acceptation d'une hérédité*,
Revue critique, 1892, p. 468.

(2) C. civ., article 723 ; les successions irrégulières dont les règles figurent au
titre des *Successions* sont ainsi qualifiées par la rubrique du chapitre IV de ce
titre.

titre envers les créanciers héréditaires , qu'il soit apportionné en pleine ou en nue propriété, il faut aussi, nul ne le contestera, qu'il reçoive l'universalité ou une quote-part des biens du défunt, non un bien unique et soigneusement déterminé. Raisonnerons-nous de même en matière de succession légale? Nullement et l'ascendant donateur d'un seul immeuble, venant reprendre ce bien dans la succession du donataire d'après l'article 747, C. civ., n'en est pas moins directement obligé envers les créanciers du défunt; c'est donc qu'il succède *per universitatem* et il en est ainsi parce qu'il est successeur légal (1). Le légataire d'un bien individuellement désigné n'est qu'un successeur à titre particulier ou mieux n'est pas un successeur; celui qui recueille ce même bien en vertu d'un titre légal est un vrai successeur; pourquoi n'y aurait-il pas même différence entre le légataire et le successeur légal en usufruit?

En résumé, le conjoint, appelé par la loi à bénéficier d'un usufruit sur les biens héréditaires, est, à nos yeux, un successeur, et cette vocation même l'oblige personnellement vis-à-vis des créanciers héréditaires. Quelle sera la mesure de cette obligation? L'article 612 ne saurait nous la fournir, puisqu'il se rapporte à un individu contre lequel on ne peut invoquer d'autre principe d'obligation que sa qualité d'usufruitier.

Il faudra donc, croyons-nous, estimer dans chaque espèce la valeur de l'usufruit et fixer ainsi l'émolument au delà duquel, à notre sens, un successeur irrégulier ne peut être poursuivi (2). Si les tribunaux, persistant dans leur jurisprudence antérieure, déclaraient le conjoint survivant, successeur irrégulier en usufruit, tenu des dettes *ultra vires successionis*, il devrait, pour éviter cette lourde charge, faire au greffe une déclaration d'acceptation bénéficiaire. Dans tous les cas, son acceptation l'oblige sans qu'il puisse se soustraire à cette charge en abandonnant l'usufruit.

Même sur le terrain de la contribution aux dettes, le raisonnement que nous venons de faire pour l'obligation montre combien il est difficile d'appliquer les règles de l'article 612, C. civ.,

---

(1) Aubry et Rau, t. II, p. 69, § 175, et t. VI, p. 352, § 608, note 32. Demolombe, t. XIII, n° 481 *bis.* Demante, t. III, n° 56 *bis.* Guénée, *Rev. crit.* 1892, p. 468.
(2) Rouard de Card, *op. cit.*, p. 44.

au conjoint survivant, successeur en usufruit. C'est le droit commun en matière d'usufruit, a-t-on dit ; il y faut donc recourir en présence d'un usufruit nouveau. C'est le droit commun, je le reconnais, quand il s'agit de répartir entre le nu-propriétaire et l'usufruitier des dettes au payement desquelles ce dernier est appelé à contribuer simplement à titre d'usufruitier ; en pareil cas, l'article 612 s'applique et nous en avons donné les motifs ; tel était et tel est encore aujourd'hui le cas d'un légataire en usufruit. Mais la loi de 1891 a créé un successeur en usufruit, le conjoint survivant exerce son droit sur une quote-part de la succession en vertu d'une vocation légale, donc à titre général. Il est encore tenu, si l'on veut, comme usufruitier dans les termes de l'article 612, mais il l'est surtout en vertu de l'acceptation par lui faite du titre que la loi lui offre, l'article 612 ne peut régler l'étendue de sa contribution à ce point de vue qu'il ne prévoit pas. Dès lors, l'héritier ne pourra-t-il pas lui dire : « Vous n'êtes pas un usufruitier dans le sens de l'arti-
» cle 612, vous ne recevez pas votre usufruit à titre particu-
» lier, vous êtes un successeur, et par conséquent vous devez
» payer votre part contributive des dettes, vous devez la payer
» sans avoir le droit d'option ni le droit de répétition (1). »
Ce raisonnement a contre lui l'autorité du rapporteur de la loi, mais il nous semble bien fondé en droit et, si la jurisprudence le repousse, ce sera à cause des difficultés pratiques qu'il soulève, non pour un motif juridique : la loi est muette, et le vote de la Chambre des députés rejetant l'amendement proposé pour régler ce point s'explique suffisamment par le désir d'en finir avec un projet ancien déjà, de poser du moins un principe, quitte à en régulariser plus tard les conditions d'application.

Si, au contraire, les prétentions de l'héritier triomphent, ce qui serait juridique en l'état actuel des choses, il y aura lieu dans chaque espèce de faire, même au point de vue de la contribution aux dettes, l'estimation de la valeur de l'usufruit échu au conjoint par rapport au reste de la succession. Cette estimation, toujours incertaine et aléatoire puisque tout dépend du décès plus ou moins tardif de l'usufruitier, sera faite par les

---

(1) M. Taudière, discours à la Chambre des députés, séance du 26 fév. 1891 *Journal officiel* du 27, p. 447.

tribunaux en cas de contestation (1); nous aurions préféré voir écarter la possibilité de tels procès au moyen d'une évaluation légale. La part contributoire ainsi fixée sera supportée par le conjoint, sans répétition possible de la part de ses héritiers à la fin de l'usufruit.

Que cela soit parfaitement équitable, je ne prétends pas le soutenir ; mais, d'autre part, la théorie préconisée par le rapporteur de la loi n'est pas non plus destituée d'inconvénients en pratique et surtout, pour donner une solution satisfaisante à la difficulté, il aurait fallu au moins l'examiner, ce qu'on n'a pas voulu faire. Je crois donc, avec M. Rouard de Card, qu'au regard de la contribution et de l'obligation aux dettes comme à d'autres points de vue déjà signalés par lui, la loi du 9 mars 1891 « mérite les mêmes critiques que toutes ces peti-» tes lois récentes qui, sans étude suffisante et d'une façon » décousue, ont été glissées dans le Code civil au risque de » détruire l'harmonie de ses dispositions (2). »

(1) Il en est déjà ainsi dans tous les cas où, en dehors de l'hypothèse prévue par l'article 917 C. civ., il y a lieu à évaluation d'un usufruit ou d'une rente viagère, par exemple, quand un défunt ayant fait des libéralités successives en pleine propriété et en usufruit, il s'agit de savoir si, réunies, elles excèdent la quotité disponible et quelle est celle d'entre elles qui la première a entamé la réserve. En pareil cas, l'article 917, tout exceptionnel, est inapplicable et l'évaluation de l'usufruit est faite dans chaque cas par les juges eu égard à l'âge et à l'état de santé de l'usufruitier (Cass., 28 mars 1866, D., 66, 1, 396; Agen, 10 décembre 1864, D., 65, 2, 8. — Aubry et Rau, t. VII, § 684 *bis*, note 9, p. 199; Laurent, t. XII, n° 154). Une évaluation faite d'avance par la loi ne serait guère plus aléatoire et éviterait les difficultés qui se soulèvent toujours sur la question.

(2) Rouard de Card, *op. cit.*, p. 48.

TOULOUSE. — IMP. A. CHAUVIN ET FILS, RUE DES SALENQUES, 28.

REVUE GÉNÉRALE
DU DROIT, DE LA LÉGISLATION

ET DE

LA JURISPRUDENCE

EN FRANCE ET A L'ÉTRANGER

Dirigée par MM.

A. BARTHELON
Conseiller à la Cour d'appel de
Paris ;

Alph. BOISTEL
Professeur à la Faculté de droit
de Paris ;

J. BRISSAUD
Professeur à la Faculté de droit
de Toulouse ;

Max. DELOCHE
de l'Institut ;.

Th. DUCROCQ
Professeur à la Faculté de droit
de Paris, Doyen honoraire,
Correspondant de l'Institut ;

G. HUMBERT
Professeur honoraire
à la Faculté de droit de Toulouse,
Sénateur,
Ancien Garde des Sceaux,
Premier président de la Cour des
comptes ;

Jh. LEFORT
Avocat au Conseil d'État et à
la Cour de cassation ;

Fréd. MATHÉUS
Ancien maître des requêtes au
Conseil d'État ;

H. PASCAUD
Conseiller à la Cour d'appel de
Chambéry ;

Aug. RIBÉREAU
Professeur à la Faculté de droit,
à l'École de commerce et d'industrie
de Bordeaux.

H. BROCHER
Professeur de droit à l'Université
de Genève.

Enrico FERRI
Député, Professeur à l'Université
de Rome.

AVEC LE CONCOURS D'UN GRAND NOMBRE DE PROFESSEURS, DE MEMBRES DE LA MAGISTRATURE
ET DU BARREAU FRANÇAIS ET ÉTRANGER

LA REVUE GÉNÉRALE DU DROIT

Paraît tous les deux mois (depuis le 1er janvier 1877) par livraisons de chacune six feuilles (*au moins*) grand in-8° cavalier et forme, à la fin de l'année, un fort volume de 600 à 650 pages, imprimé sur beau papier en caractères neufs.

Le prix de l'abonnement est de 16 fr. pour la France et les pays faisant partie de l'Union générale des postes. — Pour les autres pays, les frais de poste en sus. Prix du numéro double, séparément : 3 fr. 25.

Tout ce qui concerne la Revue doit être adressé *franco* à M. THORIN, éditeur-propriétaire-gérant de la **Revue générale du droit**.

On s'abonne, en province et à l'étranger, chez les principaux libraires et dans les bureaux de poste.